Inhalt

Schuldenunion - Aufstand der Ökonomen bleibt ohne Resonanz

Kernthesen

Beitrag

Fallbeispiele

Weiterführende Literatur

Impressum

Schuldenunion - Aufstand der Ökonomen bleibt ohne Resonanz

Robert Reuter

Kernthesen

- Auf dem EU-Gipfel in Brüssel haben sich die Fast-Pleite-Länder Spanien und Italien durchgesetzt und eine Aufweichung der Regeln durchgedrückt.
- 160 deutsche Ökonomen sehen die Beschlüsse als weiteren Schritt in die Schuldenunion, die den deutschen Steuerzahler viel Geld kosten werde.
- Die Bundesregierung hat die Kritik der Ökonomen barsch zurückgewiesen.

Beitrag

Direkte Hilfen für notleidende Banken - der ESM auf dem Weg zum Kreditinstitut

Der EU-Gipfel in Brüssel hat Ergebnisse erbracht, mit denen die Bundesregierung von ihrem bisherigen Kurs zur Bewältigung der Staatsschuldenkrise stark abgewichen ist. Kritiker halten der Kanzlerin vor, umgefallen zu sein und sich von den Schuldenstaaten Zugeständnisse abgetrotzt haben zu lassen, die den deutschen Steuerzahler teuer zu stehen kommen könnten. Zu den kritisierten Beschlüssen zählt insbesondere die Aufweichung der Kriterien für die Inanspruchnahme von Hilfsgeldern aus dem Euro-Rettungsfonds ESM. Dieser soll nun das Recht erhalten, notleidende Banken direkt zu rekapitalisieren. Genau dies wollte die Bundesregierung bisher keinesfalls hinnehmen. Der ESM sollte Staaten stützen, nicht Banken. Da der Fonds jetzt Banken direkt Geld leihen darf, wird er selbst zu einer Bank.

Bisher wurde notleidenden Staaten Rettungsgeld aus den europäischen Fonds gewährt, wenn sie sich gleichzeitig dazu verpflichteten, die strengen Regeln des Fiskalpakts zu befolgen. Wenn jetzt der ESM die Hilfsgelder direkt an Banken überweist, sind die Vorgaben des Fiskalpakts faktisch außer Kraft gesetzt. Stattdessen müssen sich Staaten, die unter den europäischen Rettungsschirm flüchten, jetzt nur noch an die europäischen Haushaltsregeln halten, die ohnehin gelten.

Schon die Hilfen an die Pleitebanken Spaniens werden nun direkt an die Kreditinstitute und nicht mehr über den Umweg der spanischen Staatskasse ausgezahlt. Darüber hinaus wird für Spanien mit Hilfe eines Tricks eine Ausnahme bei der Haftung gemacht. Der ESM wird nicht den sogenannten Vorrangstatus für die Rückzahlung der Hilfsgelder erhalten, damit sich Spanien auch auf den Anleihemärkten weiter Geld besorgen kann. Diese Aufweichung zeigt, wohin die Reise geht: Die Banken bekommen das Geld direkt, und der spanische Staat ist nicht verpflichtet, im Falle von Bankpleiten diese Gelder bevorzugt zurückzahlen zu müssen. Nach Aussage der Bundeskanzlerin soll die bevorzugte Behandlung Spanien allerdings eine Ausnahme bleiben. (1)

Unabhängige Bankenaufsicht

Zweitens haben sich die Chefs der Euroländer in Brüssel auf die Gründung einer zentralen

Bankenaufsicht geeinigt, die an die EZB angeschlossen werden soll. Die EU-Kommission soll bis Jahresende einen Gesetzentwurf dazu vorlegen. Auch dieser Beschluss ist jedoch problematisch, da die Bankenaufsicht als EZB-Anschluss unabhängig und darum keinem Parlament verantwortlich wäre. Überdies könnten Entscheidungen der EU-Bankenaufsicht im Widerspruch zur Geldpolitik der Notenbank stehen. Die neue Bankenaufsicht ist die Voraussetzung für die beschlossene Neuregelung der Kreditvergabe aus den Töpfen des ESM. (1), (2)

Aufstand der Ökonomen

In der deutschen Öffentlichkeit haben die Aufweichungen von Brüssel die Sorge verstärkt, dass Deutschland immer mehr für die Schulden anderer Staaten haften muss. Befeuert wurden die Sorgen der Menschen von einem Brandbrief, in dem 160 Ökonomen die Brüsseler Beschlüsse als weiteren Schritt in die Schuldenunion brandmarken. Die Wirtschaftsexperten formulierten ihre Sorge insbesondere hinsichtlich der ihrer Ansicht nach infolge der Brüsseler Beschlüsse möglichen Vergemeinschaftung von Bankschulden. Diese sind dreimal so hoch wie die europäischen Staatsschulden und dürften nicht in die Verantwortung der Bürger in den solide wirtschaftenden Ländern abgewälzt werden. Die Verfasser um den Chef des Ifo-Instituts Hans-Werner Sinn fordern die Bürger daher auf, die von der Kanzlerin eingeschlagene Politik zur Eurorettung nicht weiter widerspruchslos mitzutragen.

Auch die Fünf Wirtschaftsweisen sehen die Ergebnisse des Brüsseler Gipfels skeptisch. Sie fordern, dass Haftung und Kontrolle bei der künftigen Direktvergabe von ESM-Geldern an Banken zusammenfallen müsse. Da diese Voraussetzung bisher nicht gegeben ist, darf es nach Ansicht des Sachverständigenrats in absehbarer Zeit nicht zu weiteren Direkthilfen an notleidende Banken kommen. Zugleich warnen die Experten davor, jetzt übereilt eine Bankenunion zu installieren. Bundesbankchef Jens Weidmann bemängelt, dass der Maastricht-Rahmen immer weiter in den Hintergund tritt, da die Risiken zunehmend vergemeinschaftet werden. Überdies schwäche sich die Bindungswirkung früherer Vereinbarungen immer mehr ab.

Die Bundeskanzlerin streitet freilich ab, dass ihr Spanien und Italien in Brüssel Zugeständnisse abgerungen hätten, die zuvor als no-goes galten. Der Vorwurf, dass die Hilfen jetzt auch ohne Bedingungen zu haben seien, trifft ihrer Meinung nach nicht zu. Auch nach den Brüsseler Beschlüssen sei klar, dass Solidarität ohne Kontrollen mit der deutschen Regierung nicht zu machen sei. Der Brandbrief der Experten sei darum eine unverantwortliche Panikmache. Bundestagspräsident Norbert Lammert sprach den Ökonomen gar jede Lösungs-Kompetenz ab. Expertenempfehlungen hätten sich seit dem Ausbruch der Krise mit schöner Regelmäßigkeit als untauglich erwiesen. Die Reaktion Lammerts macht eines klar: Volkswirte und ihre Wissenschaft haben weder die Finanzkrise 2008 vorhergesehen noch eine Lösung präsentiert und müssen darum wohl auf Jahre hinaus einen stark gesunkenen Ansehensverlust hinnehmen. (3), (5)

Alles noch zu wenig?

Andere Kommentatoren kritisieren die Beschlüsse als viel zu kleinlich, als dass sie dabei helfen könnten, die europäische Staatschuldenkrise endgültig zu überwinden. Seit 2008 beschränke sich die Politik auf kurzfristige Krisenabwehr, der aber bis heute ein gedanklicher Unterbau für ein echtes föderales Europa mit einer Zentralregierung fehle. (4), (7)

Das Bundesverfassungsgericht hat das letzte Wort

Bundestag und Bundesrat haben den ESM und den

Fiskalpakt bereits abgenickt. Jetzt blicken Volkswirte, Politiker und die Bürger nach Karlsruhe, denn die Verfassungsrichter werden den ESM und den Fiskalpakt auf Konformität mit dem Grundgesetz prüfen. Eingereicht wurden die Verfassungsbeschwerden von der Bundestagsfraktion der Linkspartei und vom CSU-Politiker Peter Gauweiler. In das Prozedere hat sich kürzlich auch Jean-Claude Juncker eingemischt. Der Chef der Euro-Gruppe forderte das BVG zur Eile auf, da die Beschlüsse dringlich umgesetzt werden müssten. Im allgemeinen Lärmen um die richtige Politik zur Rettung der europäischen Staatshaushalte ist dieser einmalige Vorgang untergegangen: Noch vor wenigen Jahren wäre es undenkbar gewesen, dass ein demokratisch nicht legitimierter Politiker aus einem anderen Land den Hütern der deutschen Verfassung Vorschriften macht. Der durch die gesamte Krise zu beobachtende Autoritätsverfall deutscher Verfassungsorgane - zu denen auch der Bundestag zählt - erlebte damit einen unrühmlichen Höhepunkt. (5)

Trends

Finnland macht nicht mit

Finnland will die Neuordnung des ESM und die damit einhergehende Aufweichung von Finanzregeln nicht mitmachen und erwägt darum, gegen die Brüsseler Beschlüsse ein Veto einzulegen. Für den Kauf von Bonds überschuldeter Länder ist im ESM-Führungsgremium Einstimmigkeit nötig. Ein finnisches Nein würde das Vorhaben damit komplett torpedieren. (6)

Fallbeispiele

EZB senkt Leitzinsen

Die Europäische Zentralbank (EZB) hat die Leitzinsen von bisher einem auf 0,75 Prozent und damit auf den niedrigsten Satz seit Bestehen des Euro gesenkt. Für den ohnehin von erhöhter Inflation gebeutelten Sparer bedeutet die Absenkung einen weiteren Griff ins Sparbuch. Seit Jahresbeginn sind beispielsweise die Zinsen für das als kurzfristiger Geldparkplatz gedachte Tagesgeld bei Banken und Sparkassen um gut ein Fünftel gesunken. Die Kreditinstitute geben die niedrigeren Zinsen an ihre Kunden weiter, weil sie infolge der von der EZB gleichzeitig verursachten Schwemme billigen Geldes auf das Kapital der Privatanleger nicht angewiesen sind. (8)

Weiterführende Literatur

(1) Gipfelbeschlüsse werfen viele neue Fragen auf
aus Handelsblatt Nr. 125 vom 02.07.2012 Seite 009

(2) EU-Gipfel in Brüssel: Fortschritte, aber kein Durchbruch
aus Handelsblatt Nr. 125 vom 02.07.2012 Seite 009

(3) Bundesregierung kämpft um Zustimmung zu Euro-Beschlüssen
aus Handelsblatt online vom 07.07.2012

(4) EU-Politiker ohne Euro-Vision
aus manager-magazin.de vom 02.07.2012

(5) Euro-Kritiker feiern Ökonomen-Revolte
aus Handelsblatt online vom 05.07.2012

(6) Finnland droht mit Veto
aus Handelsblatt online vom 02.07.2012

(7) Die politische Währung
aus Finanz und Wirtschaft vom 30.06.2012, Seite 3

(8) EZB treibt Sparer in die Verzweiflung
aus Handelsblatt online vom 07.07.2012

Impressum

Schuldenunion - Aufstand der Ökonomen bleibt ohne Resonanz

Bibliografische Information der deutschen Nationalbibliothek

Die Deutsche Nationalbibliothek verzeichnet diese Publikation in der deutschen Nationalbibliografie; detaillierte bibliografische Daten sind im Internet über http://dnb.d-nb.de abrufbar.

ISBN: 978-3-7379-1691-2

© 2015 GBI-Genios Deutsche Wirtschaftsdatenbank GmbH, Freischützstraße 96, 81927 München, www.genios.de

Alle Rechte vorbehalten. Dieses Werk ist einschließlich aller seiner Teile – z.B. Texte, Tabellen und Grafiken - urheberrechtlich geschützt. Jede Verwertung außerhalb der Grenzen des Urheberrechtsgesetzes bedarf der vorherigen Zustimmung des Verlags. Dies gilt insbesondere auch für auszugsweise Nachdrucke, fotomechanische Vervielfältigungen (Fotokopie/Mikroskopie), Übersetzungen, Auswertungen durch Datenbanken oder ähnliche Einrichtungen und die Einspeicherung und Verarbeitung in elektronischen Systemen.